Previsiones sobre criptomonedas

Contenido

Los detalles que debes saber acerca de las criptomonedas 5

Las criptomonedas de mayor impacto y fama 7

Los mejores sitios web y herramientas para predecir precios de criptomonedas 10

Las formas de predecir alzas o bajas en los precios de criptomonedas . 15

Las novedades acerca de las criptomonedas con futuro 20

Los portales imprescindibles para medir el futuro de criptomonedas 21

Las previsiones de mayor incidencia sobre criptomonedas 27

Precio a futuro de Ethereum y previsiones 29

Las estimaciones a futuro acerca de Nano 35

Predicciones de precios sobre Dogecoin 36

Las predicciones de precio de XDAI 40

Análisis a futuro del precio de Ripple (XRP) 41

Todas las tendencias detrás de Dash 44

El precio futuro que se estima sobre Cosmos (ATOM) 46

Los avances y predicciones acerca del precio de Chiliz 48

Polkadot y su futuro más cercano sobre el rango de precio 50

Los precios a futuro de VeChain como muestra de predicción 53

Trucos para calcular el valor futuro de una criptomoneda 54

Fuentes de predicción de futuro de criptomonedas 58

La implementación del análisis técnico para medir el futuro de las criptomonedas 61

Los mercados de predicción más confiables 72

El rol de las tendencias de Google 74

Aplicación del análisis fundamental en la determinación del futuro de criptomonedas 76

Guía acerca del futuro y las tendencias de criptomonedas

En el mundo de las criptomonedas, existen muchas decisiones basadas en un alto nivel de incertidumbre, sobre todo cada escenario depende del año que esté incursionando y los eventos externos que influyen sobre el precio de las mismas, y el año 2021 se plantea como una oportunidad para recuperarse a nivel financiero.

La inversión sobre activos, es una realidad moderna sobre todo para hacer valer cualquier nivel de liquidez, por este motivo las criptomonedas no dejan de ser una tendencia para aumentar y cuidar los ingresos, esta alterativa brillante solo requiere comprender el potencial de cada una, para explotar sus movimientos.

Los detalles que debes saber acerca de las criptomonedas

El flujo de las criptomonedas es un hecho usual sobre las redes sociales incluso, ya que estas monedas digitales son las protagonistas de una gran cantidad de transacciones, gracias a que se clasifican como activos digitales, por ser una red de ordenadores que causa que no haya control externo, sino un desarrollo descentralizado.

Disponer de divisas físicas, queda a un lado bajo esta modalidad, donde cada criptomoneda es especial debido a que posee una criptografía única, por ello son el medio de pago en línea favorito, detrás de cada una se encuentra una variedad de algoritmos compuestos por cifrados y técnicas.

En el mundo se encuentran alrededor de más de 10.000 monedas virtuales, y esta tendencia está en alza, ya que cada vez surgen más, siendo una dinámica que se clasifica como ICO, esta clase de divisas se distinguen por el tipo de tecnología, encriptación y la filosofía a la cual están sustentadas.

A medida que surgen nuevas criptodivisas, de la misma forma se instauran plataformas que facilitan las operaciones con las mismas, aunque es vital distinguir las redes de transacción con los wallets, mucho menos otras plataformas de compra, todos estos son considerados como recursos para realizar transacciones con criptomonedas.

Tras las últimas noticias de estos medios, se presenta la proyección de que el Blockchain contará con una mayor consolidación de criptomonedas, eso quiere decir que la inversión sobre las mismas va en aumento, por ello conocer las que están en pleno auge o poseen futuro, es vital para triunfar sobre este medio.

Las criptomonedas de mayor impacto y fama

En la actualidad, un enorme conjunto de criptomonedas posee su consolidación el tiempo, y además de todo, cuentan con fama por su rentabilidad, por ello se definen como los activos del momento que no puedes pasar por alto alguna inversión sobre las siguientes:

1. Bitcoin (BTC)

Sin duda alguna, el Bitcoin representa una de las criptomonedas más conocidas y renombradas a nivel mundial, esto se debe también por su importancia como el activo pionero de este mundo, su creación en 2008 fue lo que originó un medio financiero tan amplio, y con sus 10 años de trayectoria, significa una opción de gran confianza.

Desde su lanzamiento, hasta la actualidad, cuenta con un aumento de valor notable, causando que sea clasificada como un líder sobre este mercado digital, más allá de los altibajos que posee, por este motivo, siempre será concebida como una criptomoneda a la cual dedicar atención e interés.

2. Ethereum (ETH)

Esta no representa una criptomoneda, sino una amplia plataforma que desarrolla la computación descentralizada, es decir se trata de un enorme ordenador que se encarga de estar distribuido sobre una gran cantidad de ordenadores, esto causa que las acciones sean realizadas de manera simultánea.

En medio de esta red de distribución, se encuentran operaciones que son llevadas a cabo por la divisa ether, siendo el activo que le añade fuerza a esta red, desde su instauración, se visualizó un gran aumento de valor histórico en el año 2020, causando que sea un objetivo mismo por estar en auge.

3. Binance Coin (BNB)

Binance se desarrolla como un criptoexchange, y su moneda oficial es el Binance Coin, su diseño se encuentra enfocado en el soporte de las transacciones que se llevan a cabo sobre esta plataforma, por ello los desarrolladores que forman parte de la Exchange, buscan elevar el interés sobre este token bajo proyectos vinculados al Blockchain.

4. Cardano (ADA)

Las transacciones de esta criptomoneda, se encuentran asociadas a la tercera generación del Blockchain, como una muestra de resolución de fallas o problemas vinculados a la escalabilidad, tal como sucede con Ethereum, de ese modo este activo ha pasado a crecer con gran velocidad sobre esta industria, elevando el valor hasta 45 veces en un año.

La distinción de esta criptomoneda se basa en los principios matemáticos que se usan sobre el mecanismo de consenso, sin dejar a un lado la arquitectura que posee, lo cual causa que se pueda hacer notar por encima de las cadenas de bloques de otras criptomonedas, por ello muchos apuestan por el futuro de esta criptomoneda.

5. Tether (USDT)

Representa una moneda estable, lo cual quiere decir que su circulación se encuentra basada en la cantidad equivalente a las monedas fiduciarias, estas pueden ser el euro, dólar, e incluso el yen japonés, su diseño tiene que ver con la conexión o compra entre monedas fiduciarias y criptomonedas.

Realizar transacciones de esta manera, proporciona transparencia, y al mismo tiempo es un ahorro de costes de cada operación, en este caso se encuentra vinculado al dólar estadounidense, bajo una relación 1 a 1, siendo un término de valor que posee establecido, por ello es un medio para hacer canje de gran popularidad.

Los mejores sitios web y herramientas para predecir precios de criptomonedas

Los análisis enfocados en el futuro de criptomonedas son variados, todos buscan hallar un punto de oportunidad para invertir con mayor sustento, por ese motivo antes de dar algún paso, es esencial consultar cada una de las herramientas en línea que pueda ofrecer una visión de los precios a futuro de estos activos.

- **TradingBeasts.com**

El comercio de divisas, es una especialidad plena para esta plataforma, la cual se encarga de presentar proyecciones basadas en los distintos análisis técnicos que se puedan llevar a cabo, es esencial la información que proporciona este portal, porque ayuda a reconocer los riesgos acerca de cada operación.

En el tema de criptomonedas, se han registrado importantes aumentos de hasta el 3000%, siendo una gran forma para responder cualquier duda antes de entrar a invertir sobre alguna criptomoneda, es una respuesta garantizada para cualquier tipo de interés al momento de elegir una inversión.

El comercio que está presente sobre las criptodivisas, es estudiado a fondo, para que más usuarios puedan apuntar a enriquecerse de forma rápida, para ello es indispensable indagar cada aspecto sobre un mercado tan cambiante, por ello determinar el precio puede aclarar las acciones futuras a desarrollar.

Su determinación busca hacer más sencillo esa norma de comprar bajo y vender alto, por este motivo se siguen cada uno de los movimientos que están sobre la gráfica, además de considerar que, ante el efecto de cierta tecnología, o algún financiamiento, y las redes sociales, se pueda presentar un aumento del precio que sea significativo.

Pero de igual forma la inversión sigue un curso arriesgado, en especial para los operadores que cuentan con un alto nivel de desconocimiento, por ello es mejor seguir las indicaciones o estimaciones de esta web, porque pueden auspiciar cualquier optimismo por medio de datos más concretos.

- **Wallet Investor**

Los pronósticos de esta plataforma, se pueden adquirir incluso por medio de una inversión de 10 dólares, siendo otra de las alternativas que se pueden incursionar para no perder de vista el futuro de las criptomonedas, además posee con top o clasificaciones acerca de los movimientos de las criptomonedas.

Esta clase de plataforma vende una ventaja sobre el mercado de criptomonedas, e incluso sobre otros activos, ya que proporciona una sección de pronóstico, donde se puede elegir el tipo de criptomoneda, así como también el rango de dicho precio a futuro, sin dejar a un lado la vista personalizada que hay detrás de cada activo.

Las actualizaciones sobre algún activo, se producen cada 3 minutos, ubicando los últimos precios por medio de análisis técnico, pero además de esto se acompaña con un seguimiento inteligente, toda la selección de activos posee este tipo de trato, para que todo aquel que esté en búsqueda de rendimiento, pueda hallar respuestas.

No hay duda que para que una inversión llegue a ser rentable, lo primero a considerar, es estudiar sobre el momento actual, hasta obtener un hallazgo que pueda hacer prevalecer el futuro, a nivel personal esta plataforma facilita la imposición de un intervalo que permita tomar decisiones con mayor seguridad.

- **Crypto Ground**

Además de ser una herramienta clave para seguir el futuro de las criptomonedas, de igual forma funciona como un portal que presenta las novedades acerca de cada activo, de las empresas o celebridades relacionadas, es decir permite hacer un análisis personal acerca del precio de la criptomoneda contando con el factor externo.

Por otro lado, todo se basa en el estudio de la tecnología que desarrollan las criptomonedas además de las cadenas de bloques, funge como una plataforma de medios para presentar noticias, esto ayuda a que la audiencia pueda tomar en cuenta estos anuncios con un análisis llamativo.

El compromiso prevalece sobre la emisión de noticias, así como también de los informes imparciales acerca de cada criptomoneda, ese esfuerzo es valioso al estar siguiendo de cerca la trayectoria de algún precio, siendo una emisión de calidad por parte de expertos que forman parte de la comunidad de moneda digital.

La dinámica de estas noticias, es una gran ayuda para que se conozca más a fondo sobre criptomonedas y Blockchain, desde el año 2017 es un medio de atención al cual acuden cada uno de los usuarios que se mantienen invirtiendo por criptomonedas, logrado ganar precisión al momento de realizar algún paso.

- **Longforecast.com**

Se concibe como una entidad dedicada por completo a la proyección de criptomonedas, denominada como La Agencia de Previsiones Económicas, siendo una especialidad para medir cada uno de los mercados financieros sobre todo a largo plazo, para ello se utilizan indicadores que puedan funcionar como pronósticos precisos.

Para generar un resultado de un precio a futuro, se desarrollan métodos matemáticos, para que la propia estadística sea la responsable de emitir predicciones, donde resalta el aspecto histórico, sin dejar a un lado la importancia de correlacionar ciertos hechos o incidencias del mercado.

El lado fuerte de esta clase de instrumentos, es que se puede especular con lo que va a ocurrir, a lo que se suma la implementación de ciertos logaritmos que permiten regular todas las acciones que se desarrollan con relación a las criptomonedas, siendo significativo para dar pasos a largo plazo.

Adicionalmente, es vital considerar que existen herramientas personalizadas para cada tipo de criptomoneda, por ello un análisis, lleva a otro más específico, esto quiere decir que, al elegir un activo productivo, luego la investigación se torna sobre su comportamiento especial de manera individual.

Las formas de predecir alzas o bajas en los precios de criptomonedas

Para saber y tener presente el futuro del precio de las criptomonedas, es indispensable analizar las fluctuaciones que se presentan sobre este activo, esto es lo que evita que existan pérdidas sobre la inversión, donde los movimientos del mercado se pueden seguir bajo las siguientes alternativas:

- **Operaciones en casas de cambios**

Es una vía directa para conocer cada una de las fluctuaciones que ocurren dentro del mercado, por ello al realizar un seguimiento sobre estos aspectos, puedes conocer las tendencias de compra y venta de criptomonedas alrededor del mundo, este tipo de datos son suministrados por los negocios de intercambio de monedas digitales.

Las publicaciones en tiempo real, son una guía importante para invertir con mayor certeza, es un ecosistema que proporciona datos esenciales, ya que son totalmente confiables para reconocer los buenos momentos para invertir, por ello lo que se debe revisar son los índices de intercambio, y alguna otra información de este tipo.

Por otro lado, se pueden implementar distintos filtros para distinguir ciertos movimientos, en medio de esa dinámica, la subida y baja de precio a futuro, se puede visualizar o al menos especular, pero sin guiarse por demasiada información, es vital elegir un solo tener un punto de referencia como confianza.

El seguimiento clave, permite que se pueda devenir el futuro de las criptomonedas, dejando a un lado cualquier exceso de información, esa es la respuesta para ejercer una inversión a largo plazo con una base mucho más segura.

- **Foros y chats**

En ocasiones, en lugar de solo explorar la información en línea, se puede inclusive debatir para tener un monitoreo mucho más intenso, porque permite que cada dato sea compartido hasta generar un punto de vista sobre alguna criptomoneda, por ello ese contacto con terceros puede ser de gran utilidad.

En la actualidad existen un conjunto de chats que se encuentran abiertos al público, cada uno se especializa sobre una criptomoneda, al fijarse en la información que transita sobre estos portales, se pueden tomar pasos óptimos, además los cambios y fluctuaciones son atendidos bajo esta clase de medios de análisis.

La dedicación de comentar lo que sucede en el mercado, es una orientación importante, ya que en instantes puedes obtener indicaciones e incluso consejos, pero no se puede pecar de tomar alguna decisión a ciegas, ya que son entornos de especulación, uno de los más confiables es bitcointalk.org, o el caso de Criptonoticias.

- **Observación de expertos y noticias**

Los movimientos de inversión, también son recreados con anticipación por parte de expertos en criptomonedas, su opinión es valiosa de considerar o estimar como una especie de consejo, lo esencial es que sean fuentes que posean conocimientos, pero al mismo tiempo que genere ingresos como muestra de su sabiduría.

En la actualidad se pueden hallar noticias que tratan a fondo el precio, y sobre todo manejan observaciones sobre el comportamiento en las casas de cambio, cuando estas opiniones provienen de expertos, pueden ser claves o determinantes sobre el valor del activo durante los tiempos futuros.

La dedicación de realizar seguimientos a cada alza y baja, es realizada en la actualidad por muchos expertos, esto se puede hacer a favor como una toma de conciencia sobre la visión profesional, esta clase de noticias no pierde de vista el comportamiento que existe sobre los activos, eso favorece al mercado al mismo tiempo.

- **Función de los robots**

En la actualidad se utilizan aplicaciones que se convierten en el mejor aliado de un inversionista, esto ocurre con la herramienta conocida como CryptoPing, esta se encarga de realizar un monitoreo sobre el mercado, además es una utilidad procedente de una plataforma para no perder de vista los datos que concurren el mercado.

Este tipo de red, sigue de cerca cada una de las incidencias que forman parte de Poloniex, Cryptoopia, y también Bittrex, donde se puede configurar sobre el estudio de criptomoneda que sea de tu interés, es decir se trata de funciones que se personalizan por completo, para recopilar las variables que forman parte de la misma.

El robot forma parte de la plataforma, y opera directamente con Telegram, próximamente se espera que pueda progresar hasta Slack y Discord, la función es que exista una emisión de datos de manera automática, para que cuando exista algún fenómeno importante en el mercado, se emita una señal que permita actuar.

Pero este tipo de robot, por el momento se enfoca en los movimientos de casas de cambio, pero las predicciones son la siguiente función a incluir, siendo una modalidad ideal para tener el pulso de lo que ocurre de manera externa en el mercado, esas medidas son parte de esa concentración o lectura que merece el mercado.

Las novedades acerca de las criptomonedas con futuro

El despegue de ciertas criptomonedas puede ser un asunto de tiempo, por ello mientras más se le pueda dedicar atención a estos aspectos, en un lapso de tiempo pueden surgir importantes ganancias, por ello es esencial tomar en cuenta la siguiente selección de activos para indagarlos antes de invertir a futuro.

- **Criptoeuros**

Esta alternativa está asociada a las noticias que sustentan la relación entre el Banco Central Europeo, y la emisión de criptoeuros, siendo un hecho que impone muchas ventajas a nivel comercial, sobre todo por el uso cotidiano que posee el dinero digital sobre este continente, por ello se presenta como una aparición que disminuye costos.

- **Fedcoin**

Se trata de una criptodivisa diseñada en Estados Unidos, se impone como una sustitución del dólar, desde la intención de su diseño busca ser una solución por los banqueros, ya que pasaría a ser una moneda internacional y al mismo tiempo digital, la cual podría disminuir los riesgos que causa la propia economía como por ejemplo la hiperinflación.

- **Criptomoneda de Facebook**

El activo que representa a Facebook, se conoce como Libra, es una criptomoneda que cuenta con el sustento de más de 100 compañías, pero con el tiempo ha recibido cambios que simulan la dinámica de PayPal, en lugar de parecerse a un modelo tradicional como Bitcoin, de este modo se instaura como una novedad financiera dentro de una red social.

Cada una de estas noticias, apenas son el inicio de todo lo que está sucediendo en el mundo de las criptomonedas, porque se requiere estar atento a cada dato que pueda anunciar cuál será la próxima consolidación de activos, permite elegir la criptomoneda o criptodivisa que va a generar tendencia en el futuro.

Los portales imprescindibles para medir el futuro de criptomonedas

Una vez que se piensa en invertir en el mundo de las criptomonedas, es vital consultar todo el revuelo que gira en torno de la misma, ya que son datos que influyen sobre el precio a futuro que presentará este activo, fortaleciendo cualquier medida de inversión, lo cual se hace realidad al seguir cada proyecto.

No sólo se trata de conservar estimaciones precisas, sino también de involucrarse sobre cada tendencia o noticia, ya que son factores de gran poder sobre el precio, al involucrarse de esa manera, se pueden alcanzar decisiones más rentables, pero antes de emitir algún tipo de ranking de webs a seguir, es vital saber cómo distinguir la mejor para ti.

- **Colaboración de portales con brókers fraudulentos**

Algunas webs sostienen este tipo de tratos o emisiones, no quiere decir que los portales sean malos, sino que no se puede confiar del todo en esta clase de medios, ya que es posible que existan trabajos o convenios hacia un bróker que no posea regulación, por ello antes de invertir se debe considerar este tema.

- **Frecuencia tras las publicaciones**

Cada nota publicidad debe estar dotada de frecuencia, por ello no se puede confiar en un medio que posea alguna clase de publicación desde el 2017, porque significa que puede estar abandonada e incluso desactualizada, además es vital revisar si las fuentes son citadas, para tener la facilidad de comprobar dichos datos.

- **Sencillez de navegación**

Este tipo de portal, puede llegar a ofrecer una gran cantidad de contenido, pero cuando está sobrecargado no proporciona ningún tipo de beneficio, ya que la información que necesitas no se consigue con facilidad.

En base a estos criterios se han seleccionado una serie de páginas web que facilitan esta búsqueda, ya que las novedades son presentadas de manera eficiente, son comprobadas por su nivel de fiabilidad, tal como resultan las siguientes:

1. Coin Market Cap

Se considera como un portal web dedicado por completo a las criptomonedas, cuenta con un enorme y completo listado acerca de los exchanges, además de los precios y volúmenes que se encuentran en el mercado, bajo una actualización que sea útil para cada usuario, cuenta con un desarrollo desde el año 2013.

Además, sus datos han sido considerados por distintos medios internacionales, tal como resulta la CNBC, Bloomberg y otra clase de medios de comunicación de gran relevancia, sin dejar de emitir información sobre todas las criptomonedas y al mismo tiempo de los exchanges del mercado, permitiendo conocer un análisis personalizado.

La exposición de gráficas, también se suman como datos de gran valor, donde se sigue de cerca la tendencia del mercado, junto con todos los detalles de estos sectores, sin dejar a un lado que se encuentra una lista de temas y diccionarios que ayudan a seguir de cerca cada movimiento realizado por parte de las criptomonedas.

Cuenta con disponibilidad de idioma, tanto en inglés como en castellano, e incluso dispone de una versión móvil, para facilitar el traslado de esta aplicación, su soporte de información también se traduce en un amplio blog que permite alcanzar cada dato sobre temas recientes, relacionados a las criptomonedas.

2. Cointelegraph

Es considerado como uno de los blogs de mayor tamaño y seguimiento en línea, acapara cualquier movimiento acerca de la criptoesfera, se desarrolló desde el año 2013, y cuenta con sedes físicas a lo largo del mundo, cada tema es enfocado y determinar las tendencias del mercado, para que el enfoque de la inversión esté a salvo.

Toda clase de datos que sea de valor para invertir, se encuentra sobre este portal, a esto se incorpora la ventaja que posee para hallar índices de los precios de mercado, y además la opinión de expertos sobre estos resultados, es esencial para aprender cada vez sobre criptomonedas, posee aplicación móvil, y disponibilidad en castellano e inglés.

3. **Coingecko**

Corresponde con uno de los sitios web más populares en línea, posee una instauración del año 2014, y su especialidad se basa en seguir de cerca el crecimiento de cada activo, con un engagement dirigido hacia los intereses de la comunidad crypto, por otro lado, los beneficios de esta web se basan en los análisis sobre el sentimiento del mercado y los usuarios.

El lado fuerte de esta plataforma, es que emite un rastreo sobre la capitalización del mercado, por ello se posicionan las criptomonedas en base de ese movimiento, con un registro detallista de cada uno, además se estudian cada uno de los Exchange, hasta crear un fórum muy detallado de lo que ocurre en el mundo de las monedas digitales.

El estudio del sitio web, se presenta bajo un idioma castellano e inglés, sus funciones se pueden simplificar hasta el uso de una aplicación que permita tener primicias al momento de medir el futuro del precio de criptomonedas.

4. **Coindesk**

Se presenta como un portal de noticias, funciona desde el año 2013, cuenta con una sede física, y posee un seguimiento experto sobre cada una de las criptomonedas en el mundo, presentando artículos que emiten una claridad acerca del precio de ese activo al medir su evolución, al seguir de cerca cada detalle del mercado.

Emite investigaciones realmente especializadas acerca de los movimientos de las criptomonedas, el lado negativo es que posee sitio web únicamente en inglés, pero sus funciones se pueden llevar a cabo bajo la simplicidad de una aplicación móvil.

Las previsiones de mayor incidencia sobre criptomonedas

En la proyección del mundo de criptomonedas, existen una gran cantidad de involucrados, tal como es el caso de John McAfee, este es el fundador de McAfee, siendo el encargado de pronunciarse de manera pública, en predecir el aumento del Bitcoin, hacia unas cifras o valores de un millón de dólares, pero no tuvo acierto alguno.

No hay duda que el Bitcoin, representa una de las criptomonedas de mayor transacción o capitalización, esto se lleva la atención de cualquier usuario en la actualidad, sobre todo desde que en el año 2017 esta criptomoneda se elevó por encima de los 20.000 dólares, desde entonces ha vivido una gran cantidad de altibajos.

Los movimientos de esta criptomoneda, han generado hasta un rally de aumento de más del 300%, siendo una senda alcista que parece no tener fin, por ello los pronósticos acerca de este activo abundan en el mercado, al inicio cualquier previsión es descabellada, pero con el tiempo algunas llegan a confirmarse.

En el caso del Bitcoin, el JP Morgan como un banco de gran relevancia en el mundo, el cual compartió en el Bloomberg, que la divisa puede alcanzar un precio de 146.000 dólares, siendo una visión a largo plazo, esto quiere decir que pueda que no ocurra en este año, pero se presenta como una apuesta a futuro.

La cotización de esta criptomoneda a futuro, en el año 2021 se ubica sobre los 50.000 dólares, siendo un punto que se ha llegado a superar, por ello el precio luego apunta a estar por encima de los 128.000 dólares sobre todo para el mes de noviembre o cierre del año 2021 con un lapso tope hasta 2025.

Por otro lado, la agencia Reuters presenta un precio situado sobre los 100.000 dólares en el año cursante, esto en líneas generales solo representa que se trata de análisis optimistas, y sobre todo que están cercanos a la fecha, por ello tomar en cuenta la opinión de estos expertos en criptomonedas es una base interesante.

Las medidas sobre el Bitcoin no se limitan, por ello como se expresó anteriormente, llegan a ubicarse sobre el millón de dólares, siendo una línea positiva para tratarse de una criptomoneda, por ello se impone como una alternativa favorita para invertir pensando hacia el futuro.

- ## La determinación del futuro de Bitcoin

La clasificación que posee Bitcoin en la actualidad es de alza, esto significa que es entendida como una inversión positiva a futuro, ya que, a fecha del 26 de abril del año 2021, cuenta con un valor de 54.073,90 USD, por ello si se llega a comprar 100 dólares en la actualidad, representa un total de 0.00185 BTC.

En base a los pronósticos más recientes que indican que se trata de un aumento a largo plazo, para el año 2026 se espera que llegue a un valor de 160.621 dólares, causando que esa inversión de 100 dólares, en unos 5 años, tenga un rendimiento del 197,04%, es decir que la inversión llegaría a los $297,04, siendo una medida de ejemplo muy clara.

Precio a futuro de Ethereum y previsiones

El posicionamiento del Ethereum llega a desplazar a una gran cantidad de criptomonedas, y las promesas sobre este sector solo apuntan hacia un crecimiento rápido, esto se debe a la transacción rápida y eficiente, por ello el funcionamiento de Ethereum, se asemeja al Bitcoin, ya que posee una cadena de bloques autónoma que posee su propio activo.

Estos proyectos de criptomonedas en la actualidad poseen una gran relevancia, son parte de la propia tecnología Blockchain, causando que las transacciones se hagan de manera rápida, incluso por encima del Bitcoin, normalmente se invierte sobre este activo con un enfoque especulativo, logrando ganar dinero al realizar el apalancamiento.

La ventaja del crecimiento de Ethereum es su funcionamiento en la red, por este motivo también posee gran popularidad sobre la tecnología Blockchain, es esencial distinguir entre Ethereum como la red que conforma la cadena de bloques, en cambio ETH funge como la forma de pago, siendo la criptomoneda en realidad.

El desarrollo de esta dinámica, está presentando un desarrollo alcista en lo que respecta a Ether, donde influye la incorporación del algoritmo reconocido como proof-of-stake, además de las incidencias DeFi, siendo una renovación Ethereum 2.0 que se genera por medio del aumento del Bitcoin, ya que toda la atención está sobre esta criptomoneda.

Sin embargo, una gran cantidad de inversores, prefieren centrarse en el Ethereum 2.0 como un proyecto de capitalización reconocido a nivel mundial, por ello se han abierto fondos de inversión de ETH 2.0 estos argumentos de aumento de valor, solo provocan que un mayor número de personas se unan a esta elección comercial.

La búsqueda de obtención de ingresos a gran escala, se ha resuelto bajo el entusiasmo que posee el valor de Ethereum, donde destacan los siguientes aspectos:

- **DeFi**

En los últimos años se ha presentado un crecimiento notable de DeFi, permitiendo que las finanzas sean totalmente descentralizadas y cuenten con el impulso adicional de las dApps, estas empresas de DeFi permiten extender servicios de préstamos referentes a la Blokchain de Ethereum, por medio de la formación de contratos inteligentes de exportación.

En algún caso de tener 100 ETH se puede ofrecer al mercado, bajo una modalidad de préstamo, de ese modo otro usuario puede aceptarlo a través de las condiciones que se establezcan sobre el contrato inteligente, a cambio de la garantía del prestatario, esta clase de servicio, causa que puedas recibir un interés a cambio del ETH.

Esta clase de acción no cuenta con gran trayectoria, pero es una industria que está creciendo a medida que transcurre el tiempo, una gran cantidad de proyectos emplean ETH, la línea positiva es que posea una incidencia positiva, por ello lo más recomendable es seguir de cerca estas actualizaciones.

- **Incorporación de Sharding**

Sharding pasa a ser conocido como un proceso donde se divide la red Ethereum, esas áreas en la cual se distribuye se conocen como "shards", causando que una gran cantidad de transacciones se lleven a cabo al mismo tiempo, el algoritmo impone que cada uno de los nodos incorpore datos, para llegar a un consenso computacional.

Al mismo ritmo de la red Ethereum ha ido creciendo de forma progresiva, pero esto a su vez causa que el número de transacciones y mineros, le den vida a un cuello de botella, poniendo a prueba ante las limitaciones técnicas, con la capacidad del sistema que permite concretar cada acción.

Esta clase de situación, ha sido tratada por medio de la fragmentación, siendo otra clase de funciones de procesamiento de datos, pero estas mejoras no se integraron, sino que se creó Ethereum 2.0 ya que se desarrolla como un sistema independiente que supera la estructura original, esto sucedió el 2 de diciembre de 2020.

- **Ethereum en 2021**

El ETH se ha visto afectado por parte del aumento del Bitcoin, ya que esa misma tendencia alcista se aplica sobre esta criptomoneda, a medida que las alzas del Bitcoin se estabilizan, del mismo modo esto impacta a otros activos, esto quiere decir que cuando el Bitcoin esté en el pico alto, lo mismo ocurre con ETH.

El valor del ETH aumenta normalmente en dólares, gracias al apoyo de los precios de otras criptomonedas, aunque a través de diferentes estudios se visualiza que la relación entre ETH y BTC disminuya, pero no deja de ser Ethereum un medio ideal para generar grandes ganancias, sin embargo, cada proyecto se expone al fracaso.

- **Los pronósticos de los expertos del trading**

Detrás de los aficionados de Ethereum, se encuentra un gran aliento por el lanzamiento de ciertos derivados como CME, siendo una emisión prevista para el 8 de febrero de 2021, esta teoría es defendida por parte de Tyler Smith, siendo un auténtico defensor de ETH, el cual sostiene su punto de vista sobre la carrera alcista de las criptomonedas.

Por otro lado, la cotización de futuros de Ethereum, se proporciona y se sigue por parte de instituciones financieras resaltantes en el mundo, para que invertir en ETH sea más seguro y con una regulación que genere confianza, por ello demandan que se debe confiar en los productos derivados de ETH.

Esta clase de movimientos por parte de CME, es parte del empuje que elevará el precio del ETH, siendo el punto más factible para que el Ethereum llegue a un nivel récord en el año 2021, sobre todo con el alcance positivo que está teniendo el precio de BTC, siendo una influencia a asentarse sobre el ATH como una secuela positiva.

Las estimaciones a futuro acerca de Nano

El lanzamiento de Nano se llevó a cabo en el año 2015, y desde entonces se ha presentado como una criptomoneda de código abierto, además de contar con un movimiento en el mercado sostenible, ya que corrige algunas ineficiencias de otras criptomonedas, se desarrolla bajo una red de gran rapidez y gratuita para ser accesible.

Sin embargo, el desarrollo de esta criptomoneda, lleva a cabo la Prueba de participación delegada, buscando que los delegados puedan participar para que o existan transacciones fraudulentas de por medio, las predicciones sobre Nano por medio de Wallet Investor, es que presentará una caída a finales del año 2020.

En cambio, los estudios de Trading Beasts, se mantienen optimistas, ya que proporcionan un pronóstico de crecimiento, que puede rondar el precio de $1,99 USD, mientras que Crypto Info Base, detalló que en 2025 presentará un crecimiento de hasta $4,3 USD, esto se debe a que todavía persisten trabajos sobre esta criptomoneda para elevar la velocidad.

Es decir, con una forma de operar o realizar transacciones mucho más eficaces, puede causar que el precio suba a finales del año, por ello la predicción indica o recomienda inversiones de hasta 5 años, para que se presente una valoración final de $21,501 USD, lo cual puede ser imposible ahora, pero en el futuro puede ser un origen de ingresos.

Predicciones de precios sobre Dogecoin

El trato y el respeto sobre la criptomoneda Dogecoin, se puede convertir en un acierto económico, además es un activo que posee el apoyo y seguimiento de la comunidad, sobre todo porque su nacimiento u origen está asociado a un meme, lo que causa que una broma llegue a obtener valor e involucrarse en una capitalización de $300 millones.

El éxito progresivo de Dogecoin, genera que exista cierta expectativa sobre la predicción del precio, en la historia que representa, se encuentra asociado con el código usado de Litecoin, pero su verdadera cualidad es su enfoque divertido usando el humor como una campaña misma para presentarla al mundo.

Desde los inicios de la criptomoneda, se implementó sobre programas de caridad, y cualquier otra clase de temática similar, para que fuera ganándose la confianza del mercado, donde la comunidad de Reddit tuvo mucho que ver con su conocimiento, además de otra clase de plataformas sociales.

La capitalización de mercado, por parte de Dogecoin, no fue prevista por ningún analista, ya que, a pesar de haber bajado de manera llamativa, de igual forma ha registrado puntos altos, esto en conclusión genera que sea una de las 30 monedas más resaltantes del mercado, hasta disponer de un retorno de inversión de 300%.

La fama que posee esta criptomoneda, más allá de ser una proyección bajista, se debe a las inversiones a corto plazo, causando que las previsiones tengan más que ver con un análisis detallista de sus movimientos actuales, a lo que se suma que mientras mayor cantidad de fama alcance, más seguirá siendo una criptomoneda de tendencia.

Ante países donde el sistema financiero esté sometido a devaluaciones, la incorporación de Doge como también Dash ha servido como una solución, esto causa que su utilidad esté apegada a una alternativa diferente a las monedas fiduciarias, ese tipo de impacto ubicó el precio de Dogecoin, en un incremento de hasta el 100%.

Ese tipo de reacción del precio, se obtuvo gracias a una publicación viral en TikTok, y que se expuso una finca minera, pero ante esto es vital tomar precauciones de no tomar decisiones de compra basadas en algunas publicaciones, pero los intercambios aumentaron cuando esta criptomoneda fue integrada por Binance.

- **Análisis técnico para Dogecoin**

Por medio de TradingView, se han añadido distintos análisis sobre Dogecoin, pero es esencial tomar en cuenta que existe muy poca experiencia sobre esta clase de estudio, por ello al visitar la plataforma mencionada como una herramienta, se puede utilizar para tener claridad sobre la toma de dediciones de compra.

Sin importar el bajo costo que alberga esta moneda, no es un impedimento para el nivel de popularidad que posee, esto es lo que permite que posee una tasa sostenible, y el porcentaje a bajar es mínimo, además de ser parte de la misma proporción que se ha predicho a futuro.

En base a los resultados para medir el crecimiento de Doge, se estima para el año 2020 y 2025, por medio de las fuentes de WalletInvestor, propone una medida de 1 dólar, este es el sueño de los usuarios que pertenecen a Reddit, siendo un resultado muy esperado en la actualidad, lo esencial es que sigue vivo, cuando muchos predicaban lo opuesto.

- **El respaldo de Elon Musk y otros famosos**

La línea alcista de Doge se amplió, cuando distintos famosos de la talla de Elon Musk y Snoop Dog se pronunciaron a favor de la misma, esto fue un golpe directo sobre la tendencia, lo mejor de todo, es que se encuentra disponible para los pequeños inversores, con una gran expectativa hacia aprovechar la revalorización en el mercado.

La cotización de parte de esta criptomoneda, se ha elevado de manera significativa llegando a 10.500 millones de dólares, por este motivo es muy valorada a nivel mundial, la ruptura del alza, ha sido motivada por el soporte de Elon Musk tal como fue mencionado anteriormente, el interés aumenta a causa de estos eventos.

Esta clase de acciones, recomiendan o hacen pensar que Elon Musk está actuando como una especie de padrino sobre esta comunidad, a esto se han unido otra clase de personalidades que emiten un apoyo claro, ese tipo de influencia está marcando tendencia, siendo un momento que, a corto plazo, lo convierte en un activo rentable.

Las predicciones de precio de XDAI

En medio de los lanzamientos del mundo de criptomonedas, se ha unido POA Network al presentar la moneda nativa que se une a esta dinámica estable en USD, esto se conoce como XDAI Chain, se conoce como una cadena compatible a formar parte de Ethereum, a través de DAI siendo una moneda nativa que pertenece a la red.

El conocimiento, y al mismo tiempo la tecnología que posee POA Network, forma parte de la composición de DAI, pero su vinculación se encuentra de forma directa con el dólar estadounidense, donde se presenta su punto más alto, como la capacidad que tiene de transacciones bajas, a tiempos de transacción rápido.

Por esta clase de características, es una criptomoneda que se utiliza como una manera de realizar transacciones diarias, sin dejar a un lado que XDAI se concibe como un derivado de la criptomoneda DAI, causando que sea una criptomoneda vinculada a un activo que se encuentra estable.

Para que se presente la tendencia alcista, es vital que se obtenga una movilidad de XDAI, por medio de la aplicación móvil Dex Wallet, así como también la billetera móvil Poketto XDAI, aunque estas dos opciones solo están disponibles para iPhone, para sacar provecho de las tarifas de transacción y velocidad de cada transacción.

La distinción que posee esta criptomoneda con DAI, se basa en que se encuentra en la cadena de bloques de la red que forma parte de Ethereum, implementada como una salida útil ante algún tipo de inflación que se enfrente de manera local, por ello es relevante en todos los sentidos.

Análisis a futuro del precio de Ripple (XRP)

La criptomoneda Ripple XRP se considera como una de las que posee mayor relevancia a nivel mundial, por ello es una alternativa que no deja de ser altamente prometedora, sobre todo porque no postula la descentralización como una de sus ventajas, ya que sostiene lazos con bancos e incluso grandes sociedades de inversión.

Ese factor diferencial es lo que ayuda a que Ripple pueda disponer de un margen de éxito, más allá de que en el mundo de las criptomonedas se imponga como una regla, la preferencia sobre descentralizadas, en este caso es justo lo contrario, esto es un sello atractivo, aunque complica emitir alguna clase de futuro sobre esas asociaciones.

Pero antes de avanzar en las estimaciones a futuro sobre este activo, es indispensable dejar en claro que Ripple representa la compañía, en cambio XRP se presenta como una moneda interna del protocolo, esta criptomoneda presenta un historial de precios que es la verdadera guía de revelación para cualquier inversor.

El precio actual de XRP afecta de manera directa cada subida o bajada, así como también el estado que se presente sobre el mercado, ya que en base al grado de competitividad se impone un precio, el año pasado, esta criptomoneda presentó un comportamiento alcista, y al mismo tiempo bajitas a mediano plazo.

Es esencial reconocer que las tendencias de Ripple se encuentran vinculadas de forma positiva, a los movimientos del BTC, esto significa que, hasta una reducción del Bitcoin, puede afectar el precio de XRP, causando que se ubique como una criptomoneda que repite la misma tendencia que ocurre en el mercado primario.

Pero de igual manera, ciertos eventos pueden marcar la dirección del precio, como también ocurre con los sentimientos de los inversores, aunque el factor de la oferta y demanda no deja de cumplir un rol importante, además se ha determinado que los acuerdos que se celebran con los bancos líderes, es lo que mueve el precio de XRP.

Normalmente estos eventos no poseen efectos de mercado a un corto plazo, sino que llegan a ser visibles tras un período de tiempo un poco más prolongado, pero a nivel histórico, Ripple ha sostenido supervisiones por parte de la Comisión de Bolsa y Valores, donde se ha defendido por ser una moneda y no un valor mismo.

- ## Los pronósticos detrás de Ripple

El medio de las criptomonedas es totalmente volátil, por ello es complicado emitir rangos a futuro, todos poseen una estimación inflacionaria, en lo que respecta a los análisis técnicos que se han realizado sobre Ripple, se presenta una medida arriesgada, ya que su crecimiento está fuertemente vinculado con el proyecto.

En los años venideros, XRP se posiciona como una de las monedas con mayor cantidad de cambios por delante, ya que, a partir del año 2021, se presentará una gran cantidad de colaboraciones financieras que afectan el precio, a tal punto de que puede llegar o superar los 2 dólares.

Cada analista, toma como base principal los eventos que tenga de por medio esta criptomoneda, por ello a futuro se espera un fuerte impacto, para que a nivel mundial siga siendo una de las monedas digitales con mayor capitalización de mercado, es crucial seguir de cerca las plataformas de predicción.

Todas las tendencias detrás de Dash

Las costumbres dentro de la minería, se encuentran divididas gracias al impacto o la estructura que posee Dash sobre su propio ecosistema, ya que son pasos escalonados hasta que se presenten la ejecución de los servicios de pago Dash, utilizando un canal Instasend como una manera de operar más rápido y más bajo en comparación de otras.

Al usar Privatesend, cada usuario puede emitir transacciones de forma anónima, causando que no sea rastreable, incluso si se compara con las transacciones realizadas sobre la red Blockchain, siendo una cualidad muy atractiva, todo gracias a que Dash se encuentra inscrito sobre una gran cantidad de intercambios cifrados.

Más allá del funcionamiento o la dinámica particular que posee esta criptomoneda, también se deben tener presentes ciertos factores que se someten a cambio, en primer lugar, por la volatilidad característica de este mercado, pero existen detalles que se pueden tomar en cuenta para emitir un análisis justo a futuro.

Por ejemplo, Long Forecast presenta la visión, de que Dash va a contar con un comportamiento bajista, llegando a caer hasta un 70%, en cambio Wallet Investor elevado aún más la tendencia pesimista acerca del futuro de esta criptomoneda, lo esencial es que es una criptomoneda que está proporcionando seguridad a los usuarios.

El tema de la seguridad se debe, gracias a que dispone de 4500 servidores, con alojamiento en todo el mundo, causando que las transacciones se puedan llevar a cabo de manera rápida, siendo una cualidad que la sostiene por encima de otras criptomonedas, además desde su lanzamiento no ha dejado de evolucionar.

La aplicación móvil ha sido una respuesta útil dentro de este ámbito, causando que sea un punto de inversión escalable, además se añaden programas de pago, lo cual genera que sea una opción para invertir sobre esta plataforma de transacciones, lo que está garantizado es que Dash posee un amplio potencial de éxito hasta 2025 como máximo.

El precio futuro que se estima sobre Cosmos (ATOM)

Una opción preferencial en el mundo de las criptomonedas es Cosmos (Atom), en el caso de Cosmos, se establece como una plataforma Blockchain, de carácter Open Source, la cual busca instalarse como el internet de las Blockchains, causando que más redes de este tipo puedan unirse, de ese modo se aprovechan las ventajas.

Cada una de las blockchains que forman parte de Cosmos, permiten intercambiar los tokens, entre cada uno de los que sea una pieza de la red, esto ocurre bajo un desarrollo nativo, así que se trata de una comunicación misma que proporciona Cosmos, de ese modo cada año busca resolver cualquier situación de escalabilidad.

La incorporación de herramientas es lo que causa que más usuarios muestran interés sobre la misma, en el caso del pago por medio de toke, se concibe como Atom, siendo empleado para pagar las tarifas de pago de las transacciones realizadas en la Blockchain, posee un puesto de capitalización por debajo del lugar 20 a escala mundial.

• Escala de precio que posee el Atom

El costo o valor del Atom, en enero de 2021 se sostiene por una medida inferior a los 6 dólares, luego presentó una ruptura de resistencia, llegando a alcanzar hasta un precio 7,16 dólares, pero esto no se detuvo, sino que contó con una corrección del precio, llegando hasta los 17,32 dólares.

Ese tipo de recuperación, indica que luego de un descenso, es capaz de llegar hasta su máximo histórico, por otro lado, se encuentra la puesta en marcha del análisis técnico, esto se puede realizar por medio de un software especial que resuelve incidencias matemáticas complejas, y estudia los datos históricos, para predecir el futuro.

La calificación técnica para realizar seguimiento al valor de esta criptomoneda, se puede llevar a cabo con Digital Coin Price, el cual indica que en el año 2028 es capaz de alcanzar un valor de 86,58 dólares, por ello se establece como una criptomoneda ideal a largo plazo.

Por otro lado, las estimaciones de Crypto Currency Price Prediction, llega a calcular una mayor dimensión a la anterior, donde el año 2025 se ubica sobre 976,23 dólares, esta es una ayuda para sacar conclusiones acerca del futuro de dicha criptomoneda, se puede indagar sobre cada sitio web, para luego realizar un promedio de esas medidas.

Los avances y predicciones acerca del precio de Chiliz

Conocer el precio o valor de Chiliz, corresponde con la popularidad que presenta en el mercado, sobre todo luego del cierre del año 2020, el lado atractivo de esta criptomoneda se instaura sobre la tendencia en alza que se está presentando, en el caso de Altcoin Exchange, ha presentado previsiones muy positivas acerca de este activo.

Chiliz se postula como una moneda digital apegada al mundo de las plataformas deportivas, se conoce mucho más por sus siglas CHZ, esta es parte de la filosofía que está detrás de este token que forma parte de las acciones de Blockchain de Ethereum, de ese modo ha sido seleccionado como una criptodivisa de la plataforma Socios.com.

La fundación de esta criptomoneda, está asociada con el país de Malta, cuenta con una relación estrecha con el mundo de los deportes, sobre todo para estar cercana hacia los clubes y aficionados, ya que por medio de esta moneda pueden disponer de derecho de voto sobre los clubes favoritos.

El realismo detrás de este tipo de economía, causan que el futuro de dicha moneda, siga un sendero positivo, por ello grandes inversores se posicionan sobre esta oportunidad, por ello se espera una subida, cuando lleguen buenas noticias o predicciones hacia Altcoins, además en términos generales, la moneda en la actualidad se encuentra alta.

Pero antes de llegar a otro punto máximo, lo más usual es que esa proyección descienda, pero es mejor o una norma de este medio, llegar a comprar cuando se encuentra en rojo, en lugar de verde, así que el momento de bajada puede ser aprovechado y cotizado de manera amplia.

Polkadot y su futuro más cercano sobre el rango de precio

La expansión de criptomonedas en el mundo, alcanza la llegada de Polkadot, la cual es una moneda de considerar, porque se ha ubicado dentro del top 10 de las más cotizadas, por encima de que muchos no la tomaban en cuenta, y esto generó que apareciera bajo desconocimiento, solo empezó a causar revuelo.

La tendencia alcista que compone a esta moneda, causa que su seguimiento sea una tarea pendiente sobre el entorno de las criptomonedas, en tan solo un mes y medio, su valor llegó a subir hasta seis veces, de igual forma los últimos meses de este año y el pasado, han postulado una respuesta favorable a este crecimiento.

En medio de las Blockchain públicas, esta criptomoneda se introdujo como una opción de conectividad, para lo que respecta a las cadenas laterales personalizadas, lo que se espera según los estudios practicados en base a esta dinámica, es que llegue a un valor de 96,54 dólares en el año 2022.

- **Los detalles del precio de Polkadot a considerar**

La organización e instauración de ICO se aplicó sobre la Polkadot, lo cual causó que alcanzara hasta 140 millones de dólares, para luego vender la mitad de dicho suministro, calculado o estimado en 10.000.000 DOT, a lo que se sumaron una gran cantidad de pérdidas que experimentó la empresa.

Ante ese escenario comercial, se realizó una ronda de venta privada, iniciando en el 2019, hasta una reiteración en el año 2020, al momento de llevar a cabo la ICO, la criptomoneda pudo cotizar al menos 30 dólares, pero en agosto de 2020 todas estas propiedades fueron dominadas.

No cabe duda que esta criptomoneda vivió una gran escalada, ya que al principio contaba con un valor de 5,2 dólares, hasta que fue fluctuando a medida que transcurrió el tiempo, hasta llegar a una tendencia alcista que lo catapultó en 7,68 dólares, pero con recaídas que intercalan ese tipo de movimiento.

En pleno 2021, el precio de DOT ronda los 15 dólares, como un punto altamente llamativo, y en febrero del presente año, instauró una marca histórica por alcanzar los 42 dólares, para entender esa clase de incidencia a futuro, se debe seguir la dinámica de sus creadores, quienes la conforman como una plataforma web 3.0.

Lo que resalta es que, sobre su estructura interna, posea una cadena de bloques en plenos minutos, por otro lado, este ecosistema cuenta con una facultad de intervención de votos, para que los propietarios de la moneda DOT puedan intervenir, causando que cada decisión de los accionistas, tenga impacto sobre el precio.

Cada avance sobre esta clase de proyecto, genere un cambio sobre el precio, y es lo que hace que sea una inversión realmente atractiva, ya que se instaura como una moneda accesible, y el aumento de liquidez es otro punto notorio, para este año en sus meses finales, se estima que la moneda llegue a un valor de hasta 79,58 dólares.

Según la visión de expertos, expresan que el precio del DOT se impone como un crecimiento constante, además la frecuencia de caída es mínima, pero son comportamientos que no se pueden predecir por completo, ya que la oscilación posee un ritmo autónomo, siendo complejo de controlar.

En el año 2020 se avecina una fase interesante para obtener ingresos por medio de esta criptomoneda, porque puede rozar una cantidad mucho más alta al precio de 83,15 dólares, y para 2023 la visión se afianza sobre los 96 dólares, por ello son valores realmente llamativos.

Esto aclara que existen múltiples razones para invertir por Polkadot, sobre todo para acercarse hacia todo lo relacionado con su futuro de la criptomoneda, además posee resolución de problemas específicos de Blockchains, ya que sus cadenas no se obstruyen, mucho menos presentan un desarrollo lento.

Los precios a futuro de VeChain como muestra de predicción

Los proyectos dedicados a la Blockchain y su uso, corresponden con el origen de VeChain, esta plataforma cuenta con una gestión que forma parte de la cadena de suministro sobre su núcleo, en medio de esta dinámica financiera se ha involucrado la farmacéutica Bayer, además se ha integrado hasta Walmart.

La volatilidad que presenta esta criptomoneda, se puede interpretar a futuro, aunque no posea algún tipo de garantía, es un comienzo para tomar el riesgo de invertir, para tener claridad sobre este sentido, hace falta poner en marcha el análisis técnico, además de los movimientos de los precios, para imponer métricas que ayuden seguir estos detalles.

En medio de los sitios web destacados en predicción, TradingBeasts, y Wallet Investor, poseen una medida máxima 0.000816 dólares, siendo un factor a considerar al momento de decantarse por esta criptomoneda, e incluso se cree que la llegarán a comprar por 4,10 dólares, aumentando el interés por estas medidas.

Trucos para calcular el valor futuro de una criptomoneda

Muchas dudas se presentan acerca del crecimiento repentino de una criptomoneda, porque en el caso del Bitcoin cuando muchos estaban escépticos a esta idea de inversión que tenía un valor de $5,700 USD, llegó a superar los $45,000 USD, es decir existe un cambio de magnitud, que, de saber predecirlo, muchos generarían dinero a largo plazo.

Para llegar a la determinación de una inversión factible o no sobre una criptomoneda, es esencial estudiar el potencial de la misma, por ello para comprender cómo se puede estudiar esto, es vital considerar que existen diferentes variables que gira en torno al valor de una criptomoneda, sobre todo cuando se trata de una medida a futuro.

El apoyo de distintas herramientas es una solución ideal, porque la evaluación que proporciona la información de https://www.coinmarketcap.com/, se puede empezar a determinar el auténtico potencial de una criptomoneda, donde se deben estudiar los siguientes aspectos o variables:

- **Capitalización de mercado (Market cap)**

Corresponde como uno de los elementos más básicos, y al mismo tiempo de mayor relevancia para predecir el futuro de una criptomoneda, ya que se trata de la cantidad que se encuentra invertida sobre el activo, es una suma de todo lo que se atribuye alrededor del mundo sobre esta criptomoneda.

Es esencial que este concepto se adopte como un medidor, para establecer la madurez del mercado, así se puede comparar entre uno y otro, para que se pueda estimar qué cantidad de veces o cantidad la capitalización es mayor o menor sobre un activo que en otro, para cada mercado esto es diferente.

- **Precio (Price)**

Se refiere al valor que posee cada criptomoneda, este al mismo tiempo se encuentra bajo la influencia de la capitalización del mercado, además de la cantidad o volumen que se encuentre circulando sobre ese medio comercial, ya que se proporciona la cantidad total que se haya minado hasta la fecha actual que se esté observando.

Esto quiere decir que a través de la oferta que posea la criptomoneda, bajo un lapso de tiempo determinado, es que se fija el precio, por ello termina siendo una mezcla entre la capitalización y el circulante, siendo dos elementos de gran relevancia para estudiar una criptomoneda, ya que el precio es resultado de la división de esos dos elementos.

- **Circulante (circulating supply)**

Se concibe como una oferta de la criptomoneda, porque como la obtención de criptomonedas proviene de la minería, a medida que esta acción aumente, el circulante también va creciendo, bajo esta base es que se produce la fluctuación.

Para medir este elemento, se requiere ubicar la capitalización de la criptomoneda, junto con el circulante, para realizar el cálculo y obtener el resultado final como el precio del activo que se encuentra en el mercado.

- ## **Volumen (24h)**

Es clasificado como un monto o valor que corresponde con la moneda fiat, engloba cada una de las transacciones que se han realizado durante 24 horas sobre la criptomoneda, este elemento forma parte de un indicador de gran relevancia, en especial para llevar a cabo un trading o invertir a corto plazo.

El resultado de esta medida, indica si existe algún nivel de liquidez, además de medir qué tan factible es llevar a cabo transacciones sobre esa criptomoneda, cuando esto se omite, puede ser complejo vender el activo de forma posterior, ya que estará sometido a un nivel de transacción muy bajo.

Estos aspectos se pueden considerar o adaptar para una inversión a largo plazo, al conocer la política de emisión de la criptomoneda, es decir en el caso de Bitcoin, cuenta con un límite de minado de hasta 21 millones, una vez que se llegue a esa cifra, no hay opción de obtener algún tipo de porcentaje de esta criptomoneda.

Un escenario como este, demanda que los que poseen Bitcoin tengan que distribuir el valor de la capitalización, así como sucede con esta criptomoneda, también existen límites sobre otras monedas digitales que dependen de ciertos algoritmos programados y cuentan con detalles muy específicos.

Fuentes de predicción de futuro de criptomonedas

Las condiciones del mercado representan una estimación clave, al momento de buscar predecir el futuro de criptomonedas, todo lo que ocurre con este activo es importante, para operar con una visión más clara sobre el futuro de la misma, para tener un camino acertado, es indispensable considerar las predicciones sobre criptomonedas.

Para tomar alguna decisión es vital indagar sobre fuentes que se mantienen bajo una investigación activa, a medida que se buscan predicciones, existe una visión de lo que se encuentra por delante en el mercado, para crear un esquema factible, aunque no se puede dar por hecho alguna recomendación ya que puede ser fraudulenta.

En cambio, las siguientes fuentes comprobadas, funcionan como una ayuda amplia para reconocer los caminos factibles:

1. Trading-View

Es una fuente de gran nivel de confianza, ya que al consultar esta plataforma se encuentran importantes herramientas tales como gráficos, estos se pueden usar a conveniencia personal para realizar los cálculos futuristas de la inversión, sus funciones son accesibles para usuarios principiantes como avanzados.

Por medio de esta plataforma, se puede medir el comportamiento de las criptomonedas, siendo clave para predecir de qué manera se va a comportar en un determinado tiempo, por ello se elige esta alternativa para tener un avance certero y es usada por inversores experimentados, conformando una comunidad que proporciona conocimientos.

2. Finder.com

Es conocida como una fuente de información acerca del futuro de las criptomonedas, sus avances se basan en la consulta sobre expertos en finanzas, para emitir distintas predicciones sobre un activo, no cabe duda que el trabajo de esta plataforma se centra sobre las finanzas y la tecnología, a través de las discusiones de profesionales.

3. BitcoinWolf.com

Es una plataforma ideal para obtener predicciones sobre cada criptomoneda, posee una sala de chat que permite establecer importantes conexiones para el futuro, es una característica para beneficiarse con la información que transita en estos medios, esa conversación con otros inversionistas es una experiencia única.

Por otro lado, este medio permite disponer de alertas en tiempo real, para recibir cualquier cambio arrojado bajo el análisis técnico, o algún asesoramiento, realmente es el lugar apropiado para pensar en el futuro de alguna criptomoneda, sobre todo con los aportes por parte de expertos que imponen una visión distinta.

La atención se invierte directamente sobre la postura de los inversores experimentados, además de seguir de cerca lo que ocurre dentro de la industria, por ello estas fuentes crean una verdadera recomendación, para que la inversión sea totalmente rentable, estas predicciones se deben seguir a corto y a largo plazo.

La implementación del análisis técnico para medir el futuro de las criptomonedas

El análisis técnico es un paso fundamental, ya que permite usar de forma conveniente los datos del mercado, para determinar el futuro de alguna criptomoneda, para ello se incluyen distintos factores, donde se incluye el volumen y el movimiento, por otro lado, también se encuentra el análisis fundamental para determinar temas o cuestiones del valor.

La concentración del análisis técnico, se instaura como el estudio de patrones, y además de las herramientas de gráficos, analíticos, ya que eso permite visualizar alguna debilidad y fortaleza que forma parte de las criptomonedas, todo bajo los patrones que pueden develar el futuro de las mismas.

Este proceso mencionado, se puede llevar a cabo sobre cualquier tipo de criptomoneda, ya que es una acción tradicional sobre las acciones, pero en la actualidad la fijación de un precio, depende de todo, cada variable termina de influir, pero ese todo se puede descomponer por medio de la demanda actual.

Pero en medio de ese estudio, también se incluye hasta la demanda futura, que corresponde con una mirada al pasado, todas estas son expectativas importantes para los comerciantes, esto ayuda a tener más conocimientos sobre la criptomoneda, por ello este análisis tiene una incidencia directa sobre el precio y lo que sugiere en tiempos posteriores.

Este hecho o resultado pretende instaurar como una psicología dentro del mercado, y al mismo tiempo usar esta lectura para estudiar la criptomoneda, por ello se incluyen cada uno de los movimientos relacionados con el precio, ya que estos no son aleatorios del todo, ya que son una reacción misma de alguna tendencia, ya sea a corto o largo plazo.

En medio de esta lectura, se debe fijar como un principio clave, que cuando una criptomoneda sigue una tendencia, de igual forma significa que al cabo de un tiempo, va a seguir una tendencia opuesta, por ello al seguir la tendencia actual, se pueden obtener ganancias de mayor nivel.

La función principal del análisis técnico, es demostrar una amplia preocupación por lo que sucede, dejan a un lado la razón por la cual se generó ese movimiento, ya que la concentración se dedica de manera amplia por la oferta y demanda, para disminuir el estrago de una gran cantidad de variables.

- ## Lectura de gráficos de velas

Se trata de un aspecto clave a medir dentro de este análisis, se lleva a cabo por medio de gráficos, este se emplea por medio de cifrados, conocido de manera popular como gráfico de velas, al inicio es complejo de entender, pero cuando se aprende cada detalle, todo cambia y mejora.

El desarrollo del gráfico de velas, se impone o recibe ese nombre, gracias a que cada punto posee una gran semejanza a una vela, ya que se trata de rectángulos rojos o verdes, además cuentan con una línea que sobresale en la parte superior o inferior, por ello obtiene una visualización como una mecha de una vela.

En base al tamaño del candelabro, así como también la forma de la línea y el color que posea, existe una información crucial acerca de un cambio que no se puede pasar por alto, en medio de esta evaluación se debe reconocer que en la parte superior y también en la inferior, se encuentran los precios de apertura y cierre que posee la criptomoneda.

En el caso de las velas verdes, se encargan de establecer que el valor de la criptomoneda ha aumentado, lo cual causa que el precio de apertura se encuentre en la parte inferior, mientras que el precio de cierre pasa a estar en la zona superior.

Cuando se presentan las velas rojas, significa que el valor de la criptomoneda ha descendido, causando que cambie el orden anteriormente explicado, es decir el precio de apertura pasa a estar en la zona superior, mientras que el precio de cierre está en la parte inferior.

Por otro lado, la mecha puede sobresalir de la vela, por medio de cualquier brecha o extremo que forme parte de la vela, esto demuestra que los precios han llegado al punto más bajo o más alto en todo el recorrido histórico de la criptomoneda, siendo una aclaratoria útil para tomar en cuenta el grado de volatilidad del mercado.

- **Las líneas de tendencia**

Forman parte de uno de los elementos claves del análisis técnico, por ello es importante conocer las líneas de tendencia, ya que arrojan o proporcionan la dirección en la cual se está moviendo la criptomoneda, esto va a acompañado de discernimiento para determinar los caminos que posee este activo.

La naturaleza de volatilidad, es propio de hallar la tendencia que se proyecta ya sea hacia arriba o hacia abajo, esto bajo un desarrollo sobre los máximos y mínimos, e incluso estas tendencias se pueden mover hacia los lados, lo cual complica aún más todo el panorama, diversos softwares incluyen las líneas de tendencia sobre el seguimiento del mercado.

La inclusión de este elemento sobre el análisis, se puede desarrollar de forma automática o también manual, pero esta última opción requiere de un mayor nivel de precisión, para que las predicciones se puedan utilizar de forma productiva, el método de trazado de esa línea, cambia según el análisis que se emplee.

Normalmente se coloca la línea de tendencia en el punto exacto del precio más bajo que posea la vela, luego se puede ampliar hasta que la línea llegue a tener contacto con el punto más bajo, es esencial mantener un cuidado de no llegar a los mínimos exactos para ambos puntos, por ello son ajustes con mucho cuidado.

- **Niveles de soporte y resistencia**

En medio de la comprensión del análisis técnico, no se puede pasar por alto el soporte y la resistencia, estas líneas horizontales se pueden dibujar en el gráfico de operaciones para hallar una cantidad de datos importantes sobre la criptomoneda.

En el caso del nivel de soporte, se trata de un punto donde se establece hasta qué punto se desea compra la criptomoneda, este aspecto se relacionada de forma directa con la demanda, para que cuando el precio se esté acercando al punto del nivel de soporte, se genera la demanda, siendo la que ayuda a sostener el desplome de la criptomoneda.

Dentro de los comportamientos de este activo, este escenario puede cambiar o presentar un impulso hacia arriba, pero el nivel de resistencia tiene que ver con lo contrario, ya que se trata de un gran nivel de oferta sin recibir un alto nivel de demanda, siendo un comportamiento que indica que el mercado visualiza al activo como caro.

Esa resistencia de compra, es lo que casa que el valor del activo llegue al nivel de resistencia, cuando esté en ese punto se presenta la sobreabundancia de oferta, para que el precio nuevamente decaiga, por ello estas variaciones son muy notorias, se miden por medio de la línea de resistencia y obtener una imagen clara de los movimientos.

Cuando se establece sobre el análisis técnico, el estudio de la ruptura de niveles de soporte o resistencia, ya que es una manera para visualizar la fuerza que posee la tendencia actual, ya que esta gana poder cuando el nivel de resistencia llega a transformarse en el nivel de soporte.

- **Volúmenes de negociación**

El seguimiento sobre el volumen de las operaciones, se puede interpretar como una ayuda a fijar la tendencia significativa, en medio de este escenario el elevado volumen de las operaciones puede ser una señal de que se debe tomar en cuenta ese comportamiento o tendencia, o en lado contrario, que se presenta una tendencia débil que puede revertirse.

El conocimiento dentro de esta evaluación, debe verificar que el volumen de operaciones baje de precio, es vital hallar un volumen bajo sobre las caídas y volúmenes altos a través de los aumentos, porque esto significa que la criptomoneda cuenta con una tendencia saludable, es decir que cuenta con un crecimiento a largo plazo.

En cambio, cuando el volumen se eleva en medio de las caídas, significa que la tendencia alcista no va a durar por mucho tiempo, esto es parte de la información que proporciona el volumen, aunque sin este análisis, puede aconsejar o exponer justo lo opuesto, que lo próximo es percibir una tendencia bajista, cuando no es lo correcto.

- **Límites de mercado**

Para entender esto, es vital tomar en cuenta la capitalización de mercado de la criptomoneda, ya que este aspecto proporciona una imagen de la estabilidad de algún activo que está sometido bajo el análisis técnico, para llegar a determinar ese grado de capitalización de mercado, se debe multiplicar la oferta circulante por el precio de la moneda.

Normalmente las criptomonedas que imparten un resultado de mayor capitalización en el mercado, son las que poseen la cualidad de ser estable, siendo un detalle a tomar en cuenta en medio de esta dinámica financiera.

- **Índice de fuerza relativa**

Diversos programas de gráficos que están dedicados a las criptomonedas, poseen dentro de su inclusión a los índices de fuerza relativa o también conocido como RSI, esto puede ser de 100 o mejor dicho (100) / 1 (RS), en ese caso, RS es igual o semejante a la relación que funciona como una limitación del número de días en el que una criptomoneda estuvo arriba o abajo del promedio.

A medida que se pueda elegir un gráfico, se encarga de presentar esta observación de forma automática, para que sea emitido en la parte inferior del gráfico de velas, normalmente el RSI puede estar en medio de 0 y 100, en caso de que un RSI indique un punto cercano a los 30 o menos, significa que se trata de un activo infravalorado.

Por otro lado, cuando el RSI se acerca o pasa por encima los 70, se encargan de exponer que el activo, se encuentra en una fase de sobrecompra, es decir el precio se encuentra en una próxima bajada.

- **Medias móviles**

El reconocimiento de tendencias es una realidad por parte de las medias móviles, ese promedio se encuentra dependiente al precio promedio que posee la criptomoneda sobre el periodo seleccionado, normalmente estos cálculos son estimados en el precio de negociación que posee la moneda sobre los últimos 20 días.

La conexión de cada una de las medias móviles, ayuda a formar una línea a través de la cual se pueden imponer las predicciones, por otro lado, se encuentra las medias móviles que se conciben como exponenciales (EMA), siendo un tipo de cálculo que permite obtener más peso sobre los valores del precio del activo.

- **Marcos de tiempo**

En medio del desarrollo del análisis técnico realizado para elegir una inversión a largo plazo, se pueden imponer plazos sobre el gráfico de precios, normalmente se encuentran ciertas opciones donde distintos gráficos abarca 15 minutos, por horas, diarios, y cualquier otra medida que vaya de la mano con la negociación en mente.

El análisis técnico es una clara sobre el pasado de las criptomonedas, siendo una gran facilidad para obtener predicciones sobre estos activos, normalmente los softwares de gráficos incluyen cada uno de estos elementos explicados, además de otras herramientas adicionales que permiten que la elección de inversión sea simplificada.

Los mercados de predicción más confiables

Las predicciones funcionan como una guía externa que mueve el mundo financiero, en el caso de la instauración de mercados de predicción, son negociaciones que se encuentran disponibles, en base a las probabilidades de que se presente cierto resultado, siguiendo la base o los estudios de distintos eventos.

Esta clase de medios, opera bajo una recopilación de información, además de tomar en cuenta todas las partes involucradas o agentes, aunque para tener acceso a ese tipo de resoluciones, se imponen ciertas cuotas, ya que esas premisas son parte de un estudio exhaustivo basado en la actividad de los participantes del mercado.

En el caso puntual de las criptomonedas, se encuentra un estudio asociado a la tecnología blockchain, por ello cada protocolo descentralizado, se puede analizar bajo el intercambio de un resultado de algún evento, todo esto realizado mediante un algoritmo, para que se ejecuten los contratos en caso de cumplir con distintas condiciones.

Los principales mercados que operan en el mundo de las criptomonedas, buscando la eficacia de la predicción, son los siguientes:

1. **Augur**

Augur corresponde con un desarrollo descentralizado, su fundación obedece a la dinámica ERC-20 que pertenece a Ethereum, su desarrollo se encuentra enmarcado en el año 2014, por este motivo corresponde con una función pionera dentro de este ámbito, causando que más usuarios puedan crear un mercado en base a un evento del mundo real.

2. **Gnosis**

Forma parte de los principales mercados de predicción, cuenta con un funcionamiento igual al anterior, es decir basado en el mismo protocolo, pero emplea el crowdsourcing para buscar tener aciertos sobre el desenlace de un evento en la vida real, logrando instaurar un mercado abierto y proporcionar un sistema de dos tokens.

3. **Stox**

Se constituye como uno de los mercados de predicción perteneciente a la Blockchain buscando la descentralización, la misión es la misma que los anteriores, con el funcionamiento sobre el protocolo de Ethereum, de igual forma permite crear un mercado, y tener operaciones con los activos.

El rol de las tendencias de Google

En medio de la investigación del futuro de alguna criptomoneda, las tendencias de Google se suman como una fuente de respuesta importante, ya que presenta un menú amplio con noticias y al mismo tiempo una cantidad relevante de cotizaciones, todo lo que emite es un acercamiento directo con el mercado.

El resultado de la visión de Google, está basado en las búsquedas que se desarrollan por medio de esta herramienta, de ese modo se obtiene una orientación sobre el próximo pico que presenta la criptomoneda, todo gracias al estudio de las diferentes instituciones y todos los medios involucrados con criptomonedas.

Los cruces de precios, tienen que ver con muchas decisiones actuales, por este motivo a través de esta herramienta de Google que emite cada movimiento, porque se impone un seguimiento preciso sobre la industria de las criptomonedas, y un gran porcentaje del público desconoce de este medio de oportunidades.

Cada dato que se emite en Google Trends, es una representación misma de las búsquedas que se realizan en Google, filtrando los términos conocidos como "Bitcoin", "Ethereum", y otros similares, ante el poder de eta herramienta de investigación, sobresale un desinterés por parte de la comunidad digital.

La distinción se encuentra sobre las fuentes de datos que se basan en una cadena anecdótica, en cambio Google opera con el volumen de búsqueda, lo cual llega a ser mucho más realista que optimista, siendo útil para los que observan de cerca la industria de las criptomonedas, para hallar cualquier sorpresa cerca de este hecho.

Por otro lado, se encuentra la emisión de informes acerca de la volatilidad del mercado, y la consolidación de algunos activos, todo en base a la cantidad de transacciones que circulan y su efecto sobre el precio, siendo una medida a futuro a tomar en cuenta, estos informes funcionan como una medida de especulación con evidencias.

Cada aumento de compras, sugiere un camino a adoptar sobre este activo, logrando formar una narrativa con evidencia de los registros disponibles en línea, sin dejar a un lado que cuando se presentan compras masivas todo el escenario cambia, y ese tipo de factor es considerado para fijar una medida en el futuro.

Aplicación del análisis fundamental en la determinación del futuro de criptomonedas

El uso del análisis fundamental sobre criptomonedas, cumple un rol complementario, en base a lo realizado por el análisis técnico, además consiste en estimar si el precio de un activo está siendo justo, sobrevalorado o cuenta con potencial para aumentar, en el caso de criptomonedas, se complica por ser redes descentralizadas.

La valoración de esta clase de activo debe ser minuciosa, por ello el rol del análisis fundamental aumenta su importancia, y al mismo tiempo se implementa desde otra perspectiva para ampliar la visión, ya que el análisis técnico solo toma en cuenta el precio histórico que ha alcanzado el activo, sin valorar otro tipo de métrica.

A medida que se participa o se compra una criptomoneda, aumentan las posibilidades de ganancias, en el caso de ser un proyecto novedoso de criptomoneda, no existen precios para analizar o tomar en cuenta, ante esta clase de activos, lo más recomendable es aplicar el análisis fundamental.

Este tipo de estudio, ayuda al mismo tiempo a captar algún tipo de fraude, para detener cualquier clase de pérdida, y para realizar esta clase de evaluación, no existe tanta complicación, ya que en línea abunda información gratuita sobre la criptomoneda, y en redes sociales circulan diversos debates sobre algún activo.

Cada uno de los desarrolladores, mineros y cualquier clase de emprendedor en este ámbito, se encargan de interactuar acerca de los detalles relacionados con el activo, de ese modo se puede seguir hasta la mínima incidencia sobre los proyectos de criptomonedas, es lo positivo de las plataformas en la actualidad.

La sugerencia para llevar a cabo esta clase de estudio, es comprender ciertos conceptos básicos, donde lo esencial es medir cada comportamiento del activo con un nivel crítico que sea llamativo, además cada medida es experimental y termina de comprobarse cuando llega el año o la fecha de predicción.

Al inicio una inversión o un resultado puede parecer revolucionario, pero un valor puede decaer en cuestión de segundos o días, por ello casarse o comprometerse con la predicción de una criptomoneda es un tema personal, debe seguir esa visión y seguridad en base a los estudios propios realizados, para tener la información que te permita invertir.

Por medio de Coinmarketcap, se puede tener acceso a un gran flujo de datos acerca de las criptomonedas, por ello es un medio que puede ser clasificado como uno de los favoritos para esta función, logrando fijarse en los siguientes detalles:

1. Ranking inmerso en el precio de la criptomoneda

Un tema como la capitalización del mercado, se refiere al número de monedas que se encuentren en circulación, esto se debe multiplicar por el valor de la moneda, un ejemplo de ello es que el Bitcoin cuente con una capitalización de mercado de 132 mil millones de dólares, los cuales surgen de multiplicar los 18 millones de monedas por el precio actual.

En cambio, en el caso de Ethereum, se desarrolla una capitalización de mercado de 16 mil millones de dólares, los cuales surgen al multiplicar los 109 millones de monedas sobre el precio de cada ETH, al usar Coinmarketcap, este factor se cubre ya que las criptomonedas poseen un orden de mayor a menor en base a la capitalización.

Este método, ayuda a medir el valor que existe sobre una red, donde Bitcoin siempre se ha sostenido como uno de los primeros, cuando surge una capitalización menor en el mercado, mayor es el riesgo, pero al mismo tiempo las oportunidades de crecimiento son mayores, siendo útil para dedicar la inversión a este aspecto.

2. Número de monedas en circulación

Las criptomonedas poseen un número total de monedas, lo mismo ocurre con los tokens que estén en circulación, por ello cuando se realiza alguna compra de una moneda con la espera de que aumente el precio, conocer quién sostiene el 50% de la circulación es una pista de ello, ya que, si forma parte de los fundadores, no es una medida muy atractiva.

Cuando no se investiga este aspecto, se puede presentar una disminución del precio hacia una proporción drástica, en el caso de Bitcoin, se generó una distribución equitativa ya que nadie disponía de esta criptomoneda al principio, y solo se premiaban a los mineros para respaldar la seguridad de la red.

Bitcoin cuenta con 18 millones de monedas bajo circulación, donde 21 millones se minarán en total, esto causa que ningún tipo de empresa, equipo o mucho menos personas, puedan disponer de más del 50% de las monedas totales, de igual forma Ripple (XRP), cuenta con 43 mil millones de monedas bajo circulación de 100 mil millones de monedas emitidas.

En este caso, una cantidad total por encima del 50% de las monedas que están en circulación, están bajo el control de los fundadores, como también de los miembros interesados, siendo un factor que para muchos no es positivo, esta evaluación debe practicarse con cada una de las criptomonedas.

3. Propuestas de valor y el factor de los competidores

En el caso de las criptomonedas, poseen una propuesta de valor detrás de cada una, esa es la distinción entre una y otra, en el caso por ejemplo de Bitcoin conserva una red mucho más segura y descentralizada, esto causa que se puedan utilizar para llevar a cabo transacciones que no se censuren, desde cualquier lugar del mundo.

En cambio, existen otras criptomonedas que buscan disponer de esta misma propuesta de valor, pero es un punto difícil de superar a Bitcoin, sin embargo, se encuentra una gran diversidad de criptomonedas con alto nivel de privacidad sobre las transacciones tal como es el caso de Monero (XMR), Grin (GRIN), y ZCash (ZEC).

Cada tipo de criptomoneda cuenta con una distribución inicial, además de los algoritmos de minado, su propia tecnología facilita la encriptación, para que obtenga un funcionamiento ideal sobre distintas situaciones, esto indica que es un deber hallar la propuesta de valor de la criptomoneda, además de conocer los competidores que posee.

Esto facilita estipular si será un activo a utilizar en el futuro, porque si dos criptomonedas cuentan con el mismo algoritmo de minado, todo se concentra en la que posea menor computación, causando que la red sea más sencilla de atacar, esto quiere decir que no son seguras.

4. **Moneda o token**

En el caso que sea una cadena de bloques propia, como también un token superio que esté en otra cadena, esto implica que cuando se trata de un token que emplea otra cadena de bloques se asegura la red, tal como es el caso de OmiseGo (OMG), siendo un sistema de pagos que ejerce la cadena de Ethereum.

Lo anterior refuerza el nivel de seguridad, porque cuando un atacante busca hackear OmiseGo, tendría que hackear al mismo tiempo a Ethereum, por ello es vital conocer si la cadena de bloques utiliza la Prueba de Trabajo (Proof-of-Work), o prueba de posesión también (Proof-of-stake), de ese modo se evitan los fraudes.

Cuando una cadena de bloques, posee la Prueba de Trabajo, significa que cuenta con un nivel de computación positivo para no ser atacado, por otro lado, cuando una cadena de bloques cuenta con Prueba de Posesión, es esencial entender si existe una fundación o creador que conserve más del 50% de las monedas.

Otro punto a investigar, es la cantidad de nodos, ya que eso permite asegurar la red, ya que se obtiene información sobre quién controla la misma, en el caso de EOS solo posee 21 nodos que se mantienen produciendo bloques, en cambio Tezos posee más de 400 nodos.

De igual manera existen ciertos factores técnicos a considerar, porque en el análisis fundamental, se toman en cuenta los aspectos más útiles para tener contacto con lo que hay detrás de la criptomoneda, es esencial indagar todo lo que se pueda, para que cada paso se convierta en una escala segura.

5. **Volumen**

Se trata de un valor representado por el volumen de compraventa que se genera de forma diaria, representa un indicador de interés que depende de las personas que concurren en el mercado, por ello las criptomonedas que poseen más capitalización, son las que ocupan los primeros lugares de cualquier top o clasificación.

Todo gracias a que poseen volúmenes de miles de millones de dólares diarios, y también es posible porque se pueden comprar en la mayoría de los exchanges, poseen puerta abierta para el comercio, por ello estas plataformas pueden predecir y mover una gran cantidad de volumen, siendo un punto de información útil.

Cada uno de los exchanges se dedican a obtener comisiones por cada compra-venta de criptomonedas, a medida que más usuarios participen en esta dinámica, mayor cantidad de dinero obtienen, en el caso de Tezos, fue una de las que pudo sostener un volumen diario de 2 a 5 millones, y fue pasado por alto por la mayoría de exchanges.

Esto cambió, al ser incluida bajo las operaciones de Coinbase y Binance, ya que esto causó una acumulación de más de 100 millones de dólares, además de un volumen diario con una apreciación del 100% sobre el precio, por otro lado, los volúmenes bajos son un indicador de lo que se encuentra fuera del radar de los usuarios.

Cuando se presentan fundamentos sólidos, no cabe duda que el volumen genera un comportamiento de aumento, y los exchanges terminan disponiendo del ofrecimiento de dicha moneda sobre su Exchange.

6. La comunidad

Las cadenas de bloques, se desarrollan por medio de las personas que utiliza estos activos, porque su aporte es una mejora, y se debe a diferentes intereses, por ello la investigación sobre redes sociales y foros es esencial, porque ayuda a conocer la cantidad de personas que se encuentran detrás de una criptomoneda.

Cuando existe una comunidad sólida y comprometida, se elevan las posibilidades de que sea una criptomoneda que tenga supervivencia a largo plazo, uno de los proyectos que ha sido tendencia es el de GRIN porque se financia por medio de donaciones, esa clase de nacimiento marca tendencia en el mundo financiero.

Tomando como referencia tres criptomonedas de gran popularidad y potencial, tal como es el caso de Tezos, ZCash y Ethereum, se puede practicar este análisis fundamental sobre cada una:

- **Análisis fundamental de Tezos**

La criptomoneda Tezos cuenta con la modalidad o funcionamiento de tener cadena de bloques de tres propuestas de valor, donde se integran los contratos inteligentes, la restricción de la cadena de bloques y el desarrollo de Proof-of-Stake por delegación, y se considera como una de las cadenas de bloques más desafiantes.

La cadena de bloques descentralizada de Tezos (XTZ), permite realizar las transacciones anteriormente mencionadas, y su diseño busca corregir los errores que se han cometido o ha tenido Ethereum, todo gracias a que cuenta con mecanismos de mejoras eficientes, y no genera ningún tipo de conflicto sobre la comunidad.

En lo que respecta al análisis fundamental, se llegó a determinar el consenso, en base a que la prueba de posesión determina si posees una cantidad de tokens, para ser considerado como el menos interesado en realizar algún tipo de fraude, por otro lado, el banking posee un tiempo de bloque objetivo cercano a un minuto.

Alrededor del 80% de los tokens se encuentran haciendo banking, cada 4.096 bloques se cumplen en un lapso aproximado de 3 días para cumplir el ciclo, para pasar a pagar los premios, por el aspecto de la actualización del protocolo, se trata de 4 votaciones, con un ciclo de 3 meses.

Además, el lenguaje de programación que se implementa, se conoce como OCaml, otro aspecto que se estudia son las transacciones diarias las cuales se sostienen en 20.000 y 40.000, e incluso ha llegado a un pico de 100.000 transacciones, un valor importante son las direcciones activas, ya que el valor de una red se estima al cuadrado del número de usuarios en el sistema.

Análisis fundamental de ZCash

En líneas generales el análisis que corresponde a Zcash determina una cadena de bloques, se dedica sobre el protocolo de Bitcoin, posee gran semejanza, además posee un nivel de privacidad optativo, estos estudios se basan en la tecnología interesante que hay detrás de la criptomoneda, para tener acceso a un mayor margen de privacidad.

Un detalle analizado bajo este escenario, es la propuesta de valor y los competidores, ya que los datos son protegidos, desde el remitente, la cantidad e incluso el destinatario, porque las transacciones poseen una firma única, esto ayuda a que el porcentaje de mercado de ZCash sobre estas monedas alcanza un 17%.

Su lado independiente de disponer su propia moneda, facilita todo con su algoritmo de minado, esto se denomina como Equihash, y la capitalización de mercado ha llegado a alcanzar 2,7 mil millones de dólares, en base a esta información se determina el pico máximo que presenta el mercado.

Por otro lado, la cantidad de monedas en circulación es un concepto a manejar, porque lo que se ha minado puede proyectar un futuro próximo acerca de esa criptomoneda, ayudando a saber en qué clase de período se encuentra la tecnología, por ejemplo, en este caso atraviesa una etapa de emisión elevada.

En medio de estas consideraciones, se suma el tema del volumen, para considerar que Zcash cuenta con una alta liquidez como criptomoneda, además facilita llevar a cabo grandes compras sin tener incidencia directa sobre el precio, para asegurar cualquier medida se puede realizar una comparación con el número de transacciones diarias.

Cada valor que se transfiere dentro de la red es estimable, aunque no es una información indispensable para conocer el futuro de la criptomoneda, y ante cualquier situación, se puede consultar la comunidad que está detrás de este activo, ya que emite actualizaciones sobre los avances y discusiones relacionados con el activo.

- **Análisis fundamental de Ethereum**

Los estudios de las incidencias de Ethereum, inician por determinar o estimar que se trata de una de las primeras cadenas de bloques con contratos inteligentes, donde existe la posibilidad de programar algunas aplicaciones descentralizadas, en medio de los factores de estudios se incorpora la actualización del protocolo.

Cada uno de los participantes dentro de esa red, lleva a cabo una "hard-fork", además se encuentra Ethereum 2.0, donde se encuentra un rediseño amplio de red, además se encuentran las actualizaciones, basadas en un cambio de algoritmo de minado que se expone a cambios, y forma parte de "Programmatic proof-of-work".

En otro plano, se involucra el estudio de potencia de cálculo dedicada, la cual se mide como un valor a aumentar en el futuro, buscando llegar a un nivel máximo, en medio de estas estimaciones no se puede pasar por alto la inflación, el cual ha sido un valor recurrente de forma anual.

Por otro lado, el uso de la red es importante, con el uso de bloques de transición, y lo que respecta a transacciones pendientes, donde no es suficiente para el tipo de demanda de aplicaciones que operan en la red, para buscar un alivio sobre la red, se aplican ciertas acciones de descongestión.

Un aspecto de igual relevancia son las transacciones diarias, en este caso alcanzan un 30% máximo histórico, donde cada número de operaciones se relacionan con el precio de la moneda de forma directa, un detalle esencial es el de los nodos, ya que cuenta con 6700 nodos activos, lo cual causa que hagan falta equipos costosos.

Además, los dapps cuentan y mantienen una cantidad próxima de 200.000 usuarios activos de manera mensual, por otro lado, la información de las tendencias de Google a nivel mundial, son un referente fijo para no perder rastro de las incidencias de criptomonedas, y en este caso cumple un rol clave para enterarse de subidas.